철학의 이단자들

HERETICS!: The Wondrous (and Dangerous) Beginnings of Modern Philosophy
by Steven Nadler and Ben Nadler
Copyright ⓒ 2017 by Princeton University Press
All rights reserved.
No part of this book may be reproduced or transmitted in any form or by any means, electronic or mechanical, including photocopying, recording or by any information storage and retrieval system, without permission in writing from the Publisher.
Korean translation copyright ⓒ 2019 by Changbi Publishers, Inc.
Korean translation rights arranged with Princeton University Press
through EYA(Eric Yang Agency).

이 책의 한국어판 저작권은 EYA(Eric Yang Agency)를 통해
Princeton University Press와 독점계약한 (주)창비에 있습니다.
저작권법에 의하여 한국 내에서 보호를 받는 저작물이므로 무단전재 및 복제를 금합니다.

철학의 이단자들

서양근대철학의 경이롭고 위험한 탄생

스티븐 내들러 글
벤 내들러 그림
이혁주 옮김

창비

들어가며

　17세기에 놀라운 일이 있었다. 그 범위는 전우주적인 것이었으나 그 방식은 지극히 개별적인 것이었다. 1600년대 철학자들은 우주를 새롭게 이해하고 인간을 새로운 방식으로 사유하고자 했다. 어쩌면 우주와 우리 자신에 대해 새로운 **방식들**로 사유하고자 했다고 말하는 게 더 정확할지도 모르겠다. 세계가 어떻게 작동하며 우리가 어떤 존재인지에 대한 그들의 의견이 모두 일치한 것은 아니기 때문이다. 물체가 무엇으로 만들어졌으며 무엇이 물체를 움직이는지에 대한 그들의 견해에는 차이가 있었다. 신의 실존과 신과 세계의 관계에 대해서도 전혀 다른 관점을 가지고 있었다. 그들은 지식이 무엇이며 그것이 어디서 오는지를 두고 논쟁했다.

　이 '새로운' 사상가들 중 많은 이들이 인간은 형이상학적으로나 도덕적으로 특별하고, 그래서 나머지 자연을 지배하는 법칙에 예외적이라고 믿었다. 우리에게는 영혼과 자유의지가 있다는 것이다. 어떤 이들은 반대로 인간은 모종의 독립적인 '왕국'이 아니라고 주장했다. 우리의 신체와 우리의 정신은 여타의 다른 사물들과 마찬가지로 자연의 일부라는 것이다. 몇몇은 심지어 인간이 운동하는 물질에 불과하며, 따라서 바위나 나무들에 견주어볼 때 우리가 우리를 규정하는 원인들로부터 더 자유로운 건 아니라고 말하기까지 했다.

　십인십색인 데다 아주 논쟁적이었던 이 철학자 그룹은 이러한 차이에도 불구하고 몇가지 기본 가정을 공유했다. 세계를 이해하는 예전의 중세적 접근 방식 — 종교적 형식과 초자연적 힘을 바탕으로 기독교 교리를 옹호하는 데 관심을 두었으며, 아리스토텔레스나 플라톤의 이론에 무비판적으로 헌신했던 — 이

더 이상 유효하지 않으며, 보다 유용하고 지적으로 독립적인 모델로 대체할 필요가 있다고 믿었다. 그들은 오늘날 우리가 '과학'이라고 부르는 자연철학이 사물을 모호한 것이 아니라 친숙한 것에 근거하여 설명할 수 있게 노력해야 한다는 점에 동의했다. 무엇보다 그들은 철학이 고대 저자들이 말한 바나 종교 당국이 요구한 바에 경의를 표함으로써가 아니라, 명료하고 분명한 이성의 관념과 명증한 경험적 증거에서 출발해야 한다고 주장했다.

유럽 역사에서 가장 빛나는 세기는 언제였는가? 페리클레스 시대의 민주주의 아래에서 소크라테스, 플라톤, 아이스킬로스, 소포클레스, 아리스토파네스가 활약했던 기원전 4세기의 아테네는 강력한 후보일 것이다. 아리스토텔레스의 재발견, 대학의 출현, 고도의 스콜라철학적 사유가 있었던 12세기를 들 수도 있겠다. 물론 이탈리아의 르네상스 시기도 있다. 그럼에도 철학에 한정해서 보자면 그 타이틀이 갈릴레오, 베이컨, 데카르트, 홉스, 보일, 스피노자, 로크, 라이프니츠, 뉴턴 등이 살았던 세기를 위한 것이라는 주장에 반대하기는 쉽지 않다. 근대적인 형이상학과 인식론이 등장했고, 자연에 대한 이해가 혁명적으로 진보했으며, 시민과 국가 간 관계에 대한 새로운 모델이 제시되었던 세기였기 때문이다. 우리는 더 이상 초기 근대 사상가들이 가르쳐준 용어로 생각하지 않을 수도 있다. 그러나 오늘날 우리가 세계와 인간을 보는 방식의 기원에는 그들의 극히 창의적인 시도와 철학적 탐구가 있다. 이는 지적 견해 차이와 개인적인 논쟁 및 그 시대의 정치적·종교적 격동에도 불구하고, 아니 보다 정확히 말해서 바로 그러한 이유들 때문에 융성했던 것이다.

이 책에 등장하는 철학자들은 모두 정말 '이단자들'이었을까? 그렇다. 만일 일반적으로 '이단'이라는 용어가 과학에서건 종교, 철학, 경제학 등에서건 흔히 관습적 진리로 통하는 것에 반하는 견해를 주창했다는 뜻이라면 말이다. 실제로 이런저런 교단들은 공식적으로 이들 철학자들 중 몇몇을 이단이라고 선언했다. 가톨릭교회는 브루노와 갈릴레오를 단지 이러한 이유로 처벌했다. 스피노자는 암스테르담의 포르투갈계 유대인 공동체로부터 "끔찍한 이단 학설과 가공할 행동" 때문에 파문당했다. 실제로 이 책에 등장하는 철학자들 모두가 바티칸 **금서목록**에 오른 저작을 가지고 있다. 브루노, 갈릴레오, 베이컨, 데카르트, 홉스, 파스칼, 스피노자, 아르노, 말브랑슈, 보일, 로크, 라이프니츠, 뉴턴의 저작 모두 그 악명 높은 리스트에 올라 있다. 중세와 근대 초기의 종교 당국은 때로 종교의 영향력에서 벗어난 사유와 이단을 식별하는 데 어려움을 겪었다.

이 만화에서 우리는 철학의 역사에서 가장 빛나는 시기에 대해 이야기할 것이다. 우리가 보여줄 사상가들이 선대의 개념 틀을 완전히 폐기한 것은 아니며 그럴 수도 없었다. 심지어 지적 혁명과 '패러다임 전환'조차 과거와 모종의 관계를 유지한다. 역사의 시대 구분은 늘 뒤돌아봤을 때 더 명확한 법이다. 최근의 연구들이 보여준 것처럼 많은 17세기 철학이 스콜라철학의 사유를 전면적으로 거부했다기보다 그것을 흡수하고 수정하고 쇄신하고자 했다. 동시에 이들 초기 근대 사상가들은 아주 의식적으로 철학을 일변하고 새로운 흐름 위에 놓고자 애썼다. 17세기 초 갈릴레오와 데카르트부터 18세기로 전환하는 시기의 라이프니츠와 뉴턴에 이르기까지, 이들은 진정 경이로운 어떤 시작이었다.

차례

005	들어가며
010	등장인물
013	프롤로그 • 로마 1600년
015	갈릴레오와 데카르트 • 로마 1633년
024	베이컨, 데카르트, 파스칼, 엘리자베스 공주 • 라이덴 1640년
049	홉스 • 파리 1646년
057	스피노자 • 헤이그 1670년
078	라이프니츠와 아르노 • 하노버 1686년
106	모어와 콘웨이 • 케임브리지와 런던 1650년
112	말브랑슈 • 파리 1675년
127	로크, 보일, 가상디, 라이프니츠 • 런던 1689년
166	뉴턴 • 런던 1703년
180	에필로그 • 제네바 1755년
187	감사의 말
188	옮긴이의 말

등장인물

앙투안 아르노
Antoine Arnauld
(1612년 파리 ~ 1694년 플랑드르 리에주)

가톨릭 신부, 신학자, 철학자. 주요 철학 서로는 데카르트의 『성찰』(1641)에 대한 「네번째 반박」, 『참된 관념과 거짓 관념에 관하여』(1683) 그리고 말브랑슈 및 라이프니츠와의 서신 등이 있다.

프랜시스 베이컨
Francis Bacon
(1561년 런던 ~ 1626년 하이게이트)

영국의 자연철학자, 변호사, 정치인. 『학문의 진보』(1605) 『위대한 부흥』(1620)을 펴냈다. 「신기관」은 『위대한 부흥』의 일부이다.

로버트 보일
Robert Boyle
(1627년 아일랜드 리스모어 ~ 1691년 런던)

자연철학자. 출판된 저작으로는 『새로운 물리-물질 실험: 공기의 탄성조작과 그 효과』(1660) 『의심 많은 화학자』(1661) 『형상과 질료의 기원』(1666) 등이 있다.

조르다노 브루노
Giordano Bruno
(1548년 이탈리아 놀라 ~ 1600년 로마)

도미니크회 수사. 이탈리아의 철학자이자 신학자. 『기억술』(1582) 『성회수요일 만찬』(1584) 『무한자와 우주와 세계』(1584) 외에 많은 작품들이 있다.

앤 콘웨이
Anne Conway
(1631년 런던 ~ 1679년 워릭서)

영국의 철학자이자 신학자. 『상고시대의 철학과 현대철학의 원리』(1690)를 썼다.

르네 데카르트
René Descartes
(1596년 프랑스 헤이그 ~ 1650년 스톡홀름)

프랑스의 철학자이자 수학자. 저작으로는 『세계』(1628~33년 집필, 사후 출간) 『방법서설』(광학, 기상학, 기하학에 관한 논문도 수록. 1637) 『성찰』(1641) 『철학의 원리』(1644) 『정념론』(1649) 등이 있다.

엘리자베스 보헤미아
(팔라틴 공주)
Elisabeth of Bohemia(Princess Palatine)

(1618년 하이델베르크~1680년 헤르포르트)

데카르트, 라이프니츠, 말브랑슈 등 여러 사람들과 나눴던 철학적으로 귀중한 서신이 있다.

갈릴레오 갈릴레이
Galileo Galilei

(1564년 피사~1642 플로렌스)

이탈리아의 자연철학자. 주요 저작으로는 『별의 전령』(1610) 『분석가』(1623) 『대화: 천동설과 지동설, 두 체계에 관하여』(1632) 『새로운 두 과학』(1638) 등이 있다.

피에르 가상디
Pierre Gassendi

(1592년 프로방스 주 샹테르시에~1655년 파리)

프랑스의 철학자이자 신학자. 데카르트의 『성찰』(1641)에 대한 「다섯번째 반박」의 저자이며, 뒤이은 특기할 만한 저작으로는 반(反)데카르트적인 『형이상학적 논고』(1644)와 『철학집성』(1658)이 있다.

토머스 홉스
Thomas Hobbes

(1588년 윌트셔 주 맘즈버리~1679년 더비셔)

영국의 철학자이자 수학자. 저작으로는 데카르트의 『성찰』(1641)에 대한 「세번째 반박」, 세편의 논문 「시민론」(1642) 「물체론」(1655) 「인간론」(1658)으로 구성된 『철학의 요소들』, 그리고 『리바이어던』(1651) 등이 있다.

고트프리트 빌헬름 라이프니츠
Gottfried Wilhelm Leibniz

(1646년 라이프치히~1716년 하노버)

독일의 철학자, 신학자, 수학자, 역사가 등. 『형이상학 논고』(1686년 집필) 『자연, 실체들의 교통 및 영혼과 육체 사이의 결합에 관한 새로운 체계』(1695) 『신인간지성론』(1704년 집필) 『변신론』(1710) 『자연과 은총의 이성적 원리』와 『모나드론』(둘 다 1714년 집필) 등 방대한 저작을 남겼다. 스피노자, 아르노, 말브랑슈 등과 주고받은 중요한 서신도 있다.

존 로크
John Locke

(1632년 서머싯~1704년 에식스)

영국의 철학자이자 의사. 주요한 철학적 저작으로는 『인간지성론』(1690) 『통치론』(1690) 『교육론』(1695) 그리고 관용에 관한 몇통의 편지가 있다.

니콜라 말브랑슈
Nicolas Malebranche

(1638년 파리 ~1715년 파리)

프랑스의 신학자, 철학자, 가톨릭 신부(오라토리오회). 『진리탐구』(1674~75) 『자연과 은총론』(1680) 『형이상학과 종교에 관한 대화』(1688)의 저자이며, 아르노, 라이프니츠 등 많은 이들과 나눴던 철학적인 서신이 있다.

헨리 모어
Henry More

(1614년 링컨셔 주 그랜샘 ~1687년 케임브리지)

영국의 철학자이자 신학자. 주요 저작으로는 『싸이코디아 플라토니카(영혼에 관한 플라톤의 노래, 1642) 『무신론 해독제』(1653) 『영혼의 불멸성』(1659)이 있다.

아이작 뉴턴 경
Sir Isaac Newton

(1643년 링컨셔 주 울즈소프 ~1727년 런던)

영국의 자연철학자이자 수학자. 중요한 철학적 저작으로는 『빛과 색에 관한 새로운 이론』(1672) 『프린키피아』(1687) 『광학』(1704)이 있다.

블레즈 파스칼
Blaise Pascal

(1623년 클레르몽페랑 ~1662년 파리)

프랑스의 수학자, 자연철학자, 종교저술가. 저작으로는 『진공에 관한 논고』(1651) 『시골 친구에게 보내는 편지』(1656~57) 『팡세』(1658년부터 집필, 1670년에야 사후 출간됨)가 있다.

벤투(베네딕투스) 스피노자
Bento(Benedictus) Spinoza

(1632년 암스테르담 ~1677년 헤이그)

포르투갈계 유대인 혈통의 네덜란드 철학자. 주요 저작으로는 『지성교정론』(사후 출간) 『신, 인간, 인간의 행복에 관한 소론』(사후 출간) 『데카르트의 철학 원리』(1663) 『윤리학』(약 1662년부터 1676년 사이 집필, 1677년 유고로 간행됨) 『신학정치론』(1670) 『정치론』(미완성) 등이 있다.

볼테르(프랑수아 마리 아루에)
Voltaire(François-Marie Arouet)

(1694년 파리 ~1778년 파리)

프랑스의 작가. 『철학 편지』(1734) 『캉디드』(1759)뿐만 아니라 역사에 관한 많은 저작과 종교에 관한 논문, 희곡, 편지 등을 남겼다.

프롤로그

-로마 1600년-

갈릴레오와 데카르트

-로마 1633년-

● 갈릴레오는 공기가 없는 이상적 공간에서 물체의 자유낙하는 무게와 무관할 것이라고 보았다. 이러한 생각은 훗날 진공펌프가 개발되어 진공상태에서 실험이 가능해짐에 따라 실증되었고, 달에 갔던 우주인 중 한명인 데이비드 스콧(David Scott)의 간단한 실험을 통해 확인되기도 하였다. ─ 옮긴이

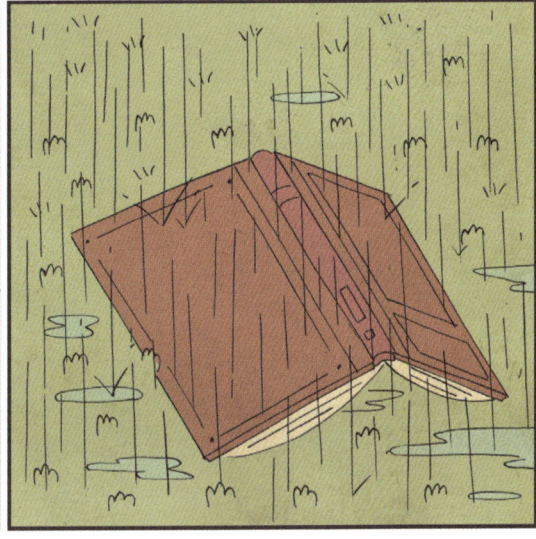

한편 네덜란드에서는 어느 프랑스인 철학자가 첫번째 저작을 막 출판하려는 참이었다.

르네 데카르트는 작업을 방해받지 않으려고 우유와 풍차의 나라로 이주했다.

"암스테르담이 멋진 도시긴 해. 근데 시끄러워서 도무지 일을 못 하겠는걸."

아, 네덜란드 시골이 훨씬 낫군. 평화롭고 고요해.

『세계』라는 책에서 그는 어떻게 자신의 새로운 철학이 "모든 자연 현상"을 설명할 수 있는지 보여주고자 했다.

이 시기 대부분의 사상가들은 고대 그리스 철학자인 아리스토텔레스를 따랐다. 그들은 자연의 물체들*이 질료와 형상으로 구성되었다고 믿었다.

아주 멋져!

정말 천재적이야!

질료는 모든 물체의 물질적 재료이다. **형상**은 영혼과 유사한 것으로, 왜 사물들이 그렇게 보이고 그렇게 행동하는지 설명하는 능동적인 영적 힘이다.

* 여기서 '물체'라고 번역한 말의 출발어는 'body'로, 신체뿐만 아니라 물체라고 번역할 수 있는 말이다. 상황에 맞게 번역어를 선별하고자 했으나 부득이한 경우는 두 번역어를 병기(물체/신체)하였다. ― 옮긴이

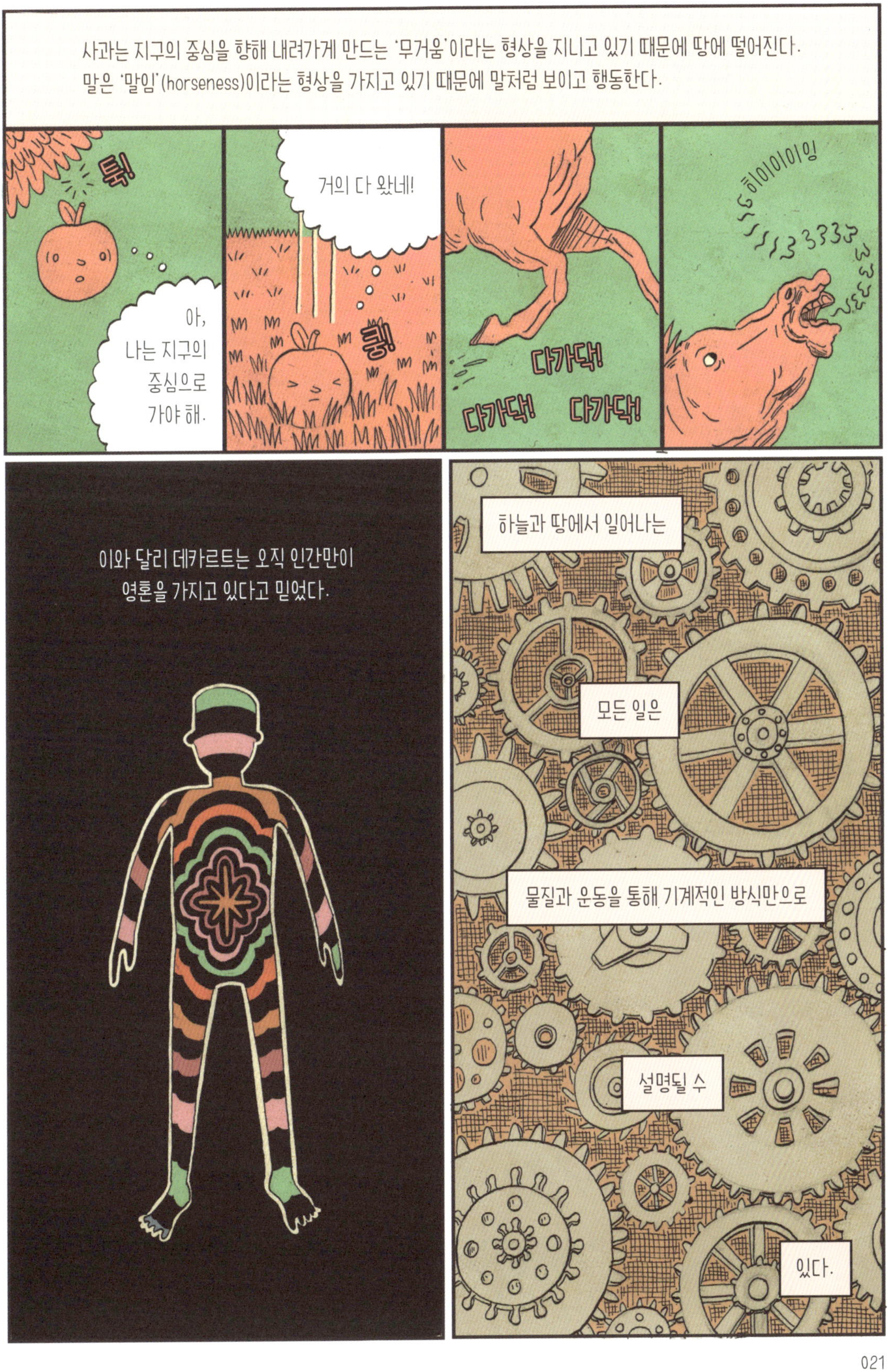

● 데카르트에 의하면 입자들은 어떤 중심 주위를 회전하면서 중심에서 벗어나려는 성향이 있는데, 작고 빠른 공기 입자들은 크고 느린 물체 입자들보다 그러한 성향이 강하다. 그는 물체가 지구의 중심을 향해 낙하하는 이유가 이러한 공기 입자들이 지구 중심에서 벗어나면서 물체 입자들을 중심으로 계속 밀어내기 때문이라고 보았다. ─ 옮긴이

베이컨, 데카르트, 파스칼, 엘리자베스 공주

-라이덴 1640년-

데카르트는 알고 있었다. 과학이 고대의 권위에 맹목적으로 충성해서는 안 되며, 자기주도적 탐구에 의해 진행되어야 한다고 주장한 사람이 자신이 최초가 아니라는 걸.

프랜시스 베이컨은 영국의 자연철학자이자 변호사이자 정치가였다.

짐은 그대를 영국의 대법관으로 임명하노라.

베이컨은 『신기관』이라는 저서에서 진정한 과학적 방법과 진리임을 보증할 수 없는 사변이나 이전 철학의 무익한 주장을 구별한다.

이 철학자들은 마치 자기 자신의 물질로 거미줄을 짜내는 거미와 같습니다.

그는 감각경험에 근거하여 자연을 해석해야 하며, 형이상학적 억측으로부터 연역되어서는 안 된다고 믿었다.

우리는 사실 그 자체를 보아야 합니다!

그러나 인간 이해력에는 참된 탐구를 방해하는 편견인 '우상'이 있기 때문에 먼저 그것으로부터 우리 자신을 해방시켜야 한다.

이 우상이 정신을 포위하고 있어 진리는 정신에 거의 들어올 수 없지요.

종족의 우상은 인간 본성에서 시작되며 모든 인간에게 공통적이다.

천체가 어떻게 완벽한 원을 그리며 움직이는지 보십시오!

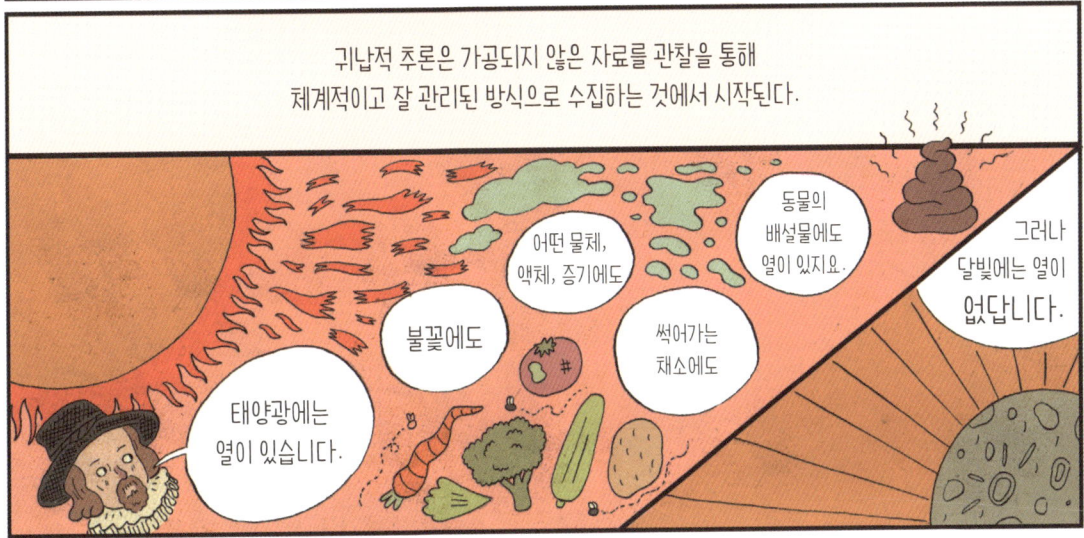

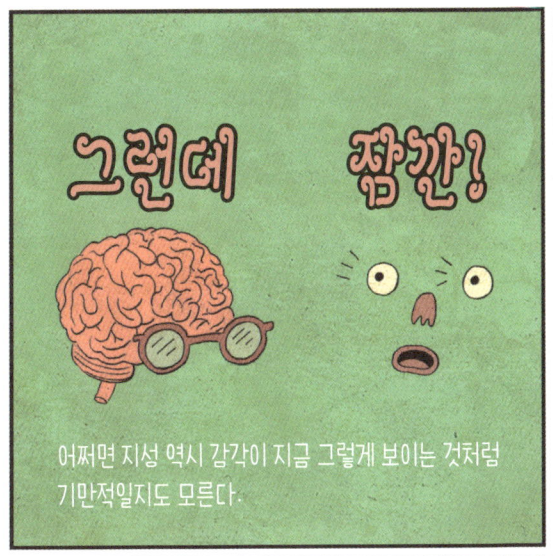

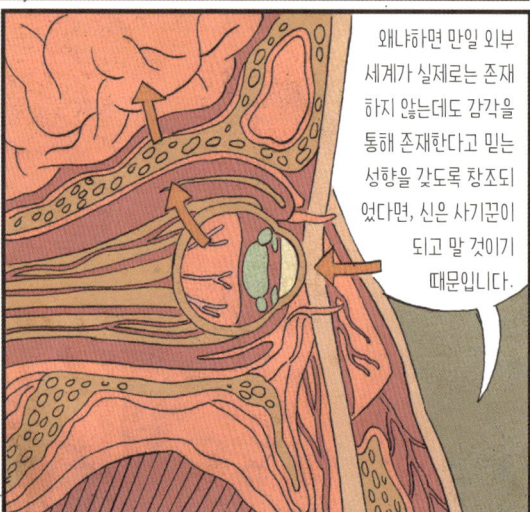

● '명료하고 분명하게'(clearly and distinctly)는 흔히 '명석판명하게'라고 번역되는 말로, 어떤 사물이 무엇인지 '명료하고' 다른 것과 '분명하게' 구분된다는 것을 뜻한다. —옮긴이

● 3차원성, 즉 부피를 갖는다는 뜻이다. —옮긴이

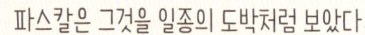

불만을 품은 개신교 신민(臣民)들이 보헤미아의 가톨릭 군주 페르디난드 2세의 대사들을 이렇게 무례하게 맞이함으로써

유럽 전역에 30년 전쟁이 일어나게 되었다.

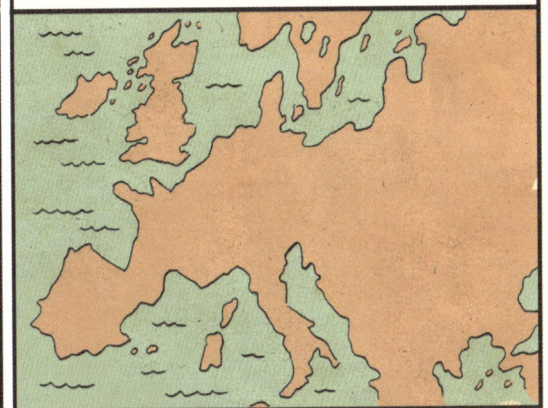

보헤미안들은 개신교도인 팔라틴 프리드리히 5세에게 새로운 왕이 되어달라고 요청했다.

그러나 프리드리히 5세는 곧 페르디난드의 군대에 의해 폐위당했고

가족들과 네덜란드로 도망갔다.

몇십년 후, 고향에서 멀리 떠나 유배 중이던 프리드리히 5세의 명석한 딸 엘리자베스 공주는 오랜 시간을 철학 공부를 하면서 보냈다.

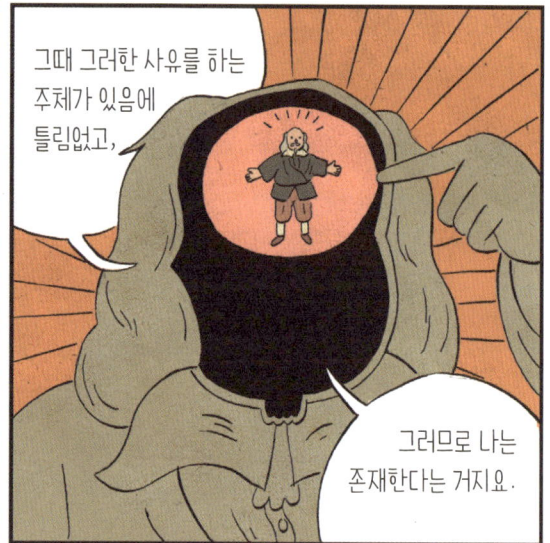

홉스

-파리 1646년-

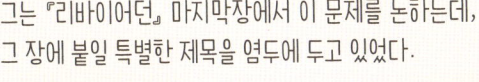

스피노자

-헤이그 1670년-

1660년대에 스피노자는 렌즈 가공으로 생계를 유지했다.

그리고 자신의 철학을 집대성한 대작인 『윤리학』 집필에 공을 들였다.

신, 도덕, 종교에 대한 그의 생각은 극도로 급진적이었다. 그리고 동시대인들의 눈에는 매우 충격적이었다.

스피노자에 따르면 초월적이고 모든 것을 섭리하는 신, 아브라함 종교의 초자연적 행위자와 같은 실재는 존재하지 않는다.

신은 자연이다.

• 위에서 언급된 것처럼 신과 자연은 하나이자 동일한 실재(신 즉 자연, Deus sive Natura)이다. 스피노자에 의하면 삼라만상은 신이 모습을 바꾼(변용된) 신의 양태 또는 신의 특성(property, '소유물'로 번역 가능)이다. 지구로 표현된 신/자연이 모든 것을 "내 것"(mine)이라고 한 것은 이러한 사정에 기인한다. —옮긴이

신 또는 자연은 영원하다.
자연에는 **시작**이 없었으며
끝도 없을 것이다.

자연의 무한하고 영원한 힘과 구별되는 창조주는 없습니다.

영원하니 좋군!

초자연적 존재 출입 금지!

비가 오려고 하는군…

신 또는 자연은 선택을 하지 않습니다. 자연 안에서 일어나는 일은 무엇이든 자연의 힘과 법칙에 의해 일어나도록 규정된 것입니다.

자연 안에 우연적인 일은 없어요.

모든 것은 신적 본성의 필연성에 의해 실존하며, 특정한 방식으로 결과를 산출하도록 되어 있습니다.

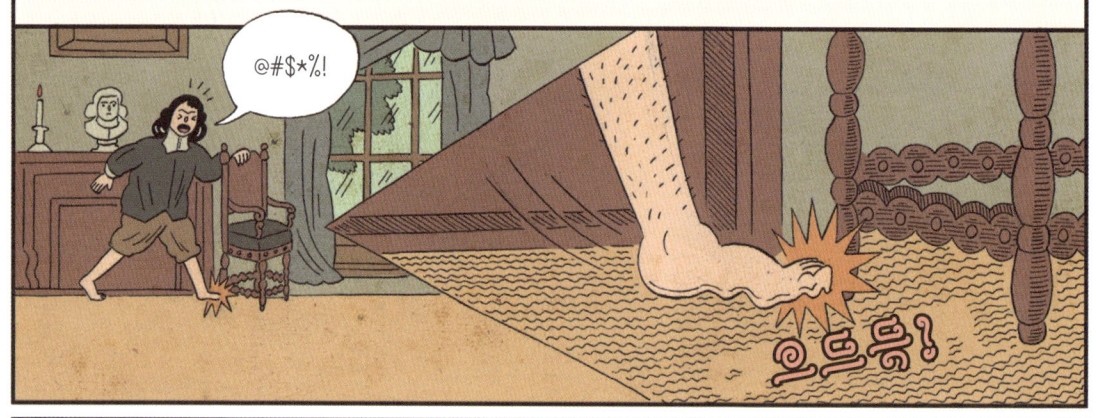
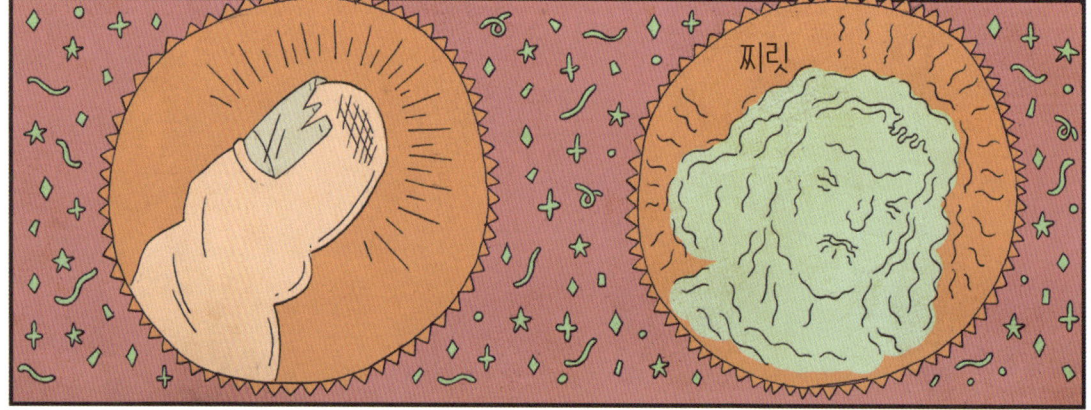

● 스피노자에 따르면 신과 자연은 하나이자 동일한 실재로, 신 또는 자연은 상이한 것이 아니라 동일한 것을 일컫는 다른 명칭일 뿐이다. ─옮긴이

● 셰익스피어 『햄릿』의 유명한 독백, 흔히 "죽느냐, 사느냐"로 널리 알려진 "To be, or not to be"에 이어지는 대사이다. —옮긴이

정념에 지배되는 삶은 예속된 삶이다. 인간은 자신이 통제할 수 없는 일들에 대한 욕망의 노예이다.

그의 행복은 행운과 불운에 종속되어 있다.

특히 문제가 되는 건

신이 모든 것을 섭리한다고 믿는 일입니다.

신을 영원한 상벌을 내리는 인격적 행위자라고 생각하는 것은 우리의 삶을 인식이 아니라 희망과 두려움의 감정이 이끌고 있음을 의미한다.

스피노자는 종교지도자들이 시민들의 마음과 정신에 영향을 주고자 성경을 이용하지만, 신이 실제로 성경을 쓴 건 아니란 걸 보여줌으로써 자신의 주장이 정당함을 입증했다.

성경의 작가는 아주 특수한 역사적 상황에 대해 고심한 평범한 사람이었다.

원본은 여러번 필사되었고 몇세기에 걸쳐 전달되었다.

그리고 오랜 시간이 지난 후에야 마침내 단일한 한권의 책으로 편집되었다.

성경이 '신성'한 이유는 단지 성경이 독자들을 도덕적으로 고양시키기 때문이다.

라이프니츠와 아르노

-하노버 1686년-

그의 전문 분야는 광범위했다.

철학　　　수학　　　논리학

자연학　　　　　역사

언어　　정치학　　신학

• '필연적인' 것은 부정하면 모순이 되는 것으로 어떤 식으로든 다르게 될 수 없는 것을 의미한다. 그러나 '규정된' 것은 필연적인 것과 달리 다른 원인이 주어지면 다르게 되는 것이 가능하다. 신의 선택이 그의 지혜와 정의에 의해 규정되었다는 것은 그의 지혜와 정의가 그의 선택의 원인이 되었다는 것이지 신에게 자유가 없다는 것을 뜻하지 않는다. — 옮긴이

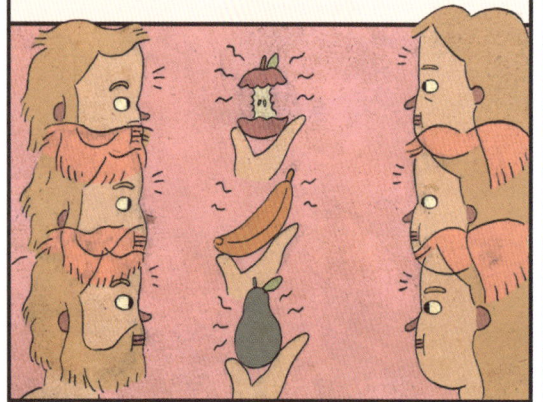

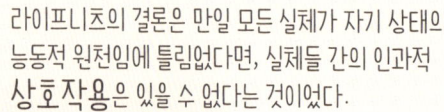

라이프니츠 일생의 목표 중 하나는 분열된 가톨릭과 개신교를 자신의 철학으로 봉합하는 것이었다.

좀 사이좋게 지낼 수 없을까요?

그래서 라이프니츠는 파리에서 알게 된, 저명했으나 논란의 중심에 있던 가톨릭 신학자 앙투안 아르노에게 『형이상학 논고』의 요약문을 보냈다.

대단히 학식 있고 합리적인 분이시니 이처럼 아름다운 생각에 찬성 하시리라 생각합니다.

아르노는 프랑스에서 금욕적인 소규모 가톨릭 분파인 얀센주의 운동을 선도하는 인물이었다.

얀센주의자들은 신의 은총을 비롯한 여러 문제에 대한 견해 때문에 프랑스 국왕과 교회 성직자단의 박해를 받았다.

그러나 얀센주의자들은 자신들의 원칙을 조금이라도 손상시키는 모든 것에 저항했다.

아르노는 명석했지만 완고한 인물이었고, 수많은 적들이 있었음에도 불구하고 조금도 물러서지 않았다.

우리는 굴복하지 않을 것입니다. 신은 우리 편입니다.

그는 재능있는 철학자이기도 했다. 젊은 학자였을 때 홉스처럼 데카르트의 『성찰』에 대한 일련의 반박을 제시하기도 했다.

『성찰』에 대한 반박 중 최고군.

특히 아르노는 데카르트가 신의 실존과 은총을 증명하기 위해 지성을 사용한 후, 신의 실존과 은총을 증명함으로써 다시 지성의 신뢰성을 입증한다는 점에 의문을 제기했다.

선생의 논증은 순환적인 것 같군요.

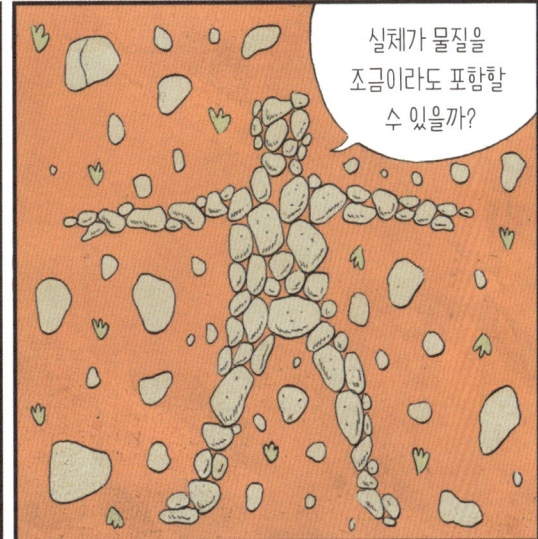

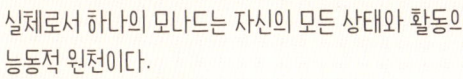

모나드는 비물질적이기 때문에 공간을 점유하지 않는다. 그리고 정신적인 것이기 때문에 그것들의 내적 상태는 '지각'이다.• 각 모나드의 지각 변화는 다른 모나드의 지각 변화를 반영한다.

"세계의 모든 모나드의 지각은 예정조화를 통해 완전하게 조정되어 있답니다."

• 모든 모나드는 상이한 본질을 지니고 있기 때문에 서로 구별된다. 임의의 모나드를 다른 모나드들과 구별시켜주는 것은 그 모나드의 본질이다. 라이프니츠는 모나드는 정신적인 것이므로 그것의 본질 역시 정신적 '지각'(perceptions)으로 구성된다고 보았다. ─옮긴이

"그래서 이 세계의 사물들 간에 인과적 상호작용이 있는 것처럼 보이는 것입니다."

라이프니츠의 『모나드론』에 따르면 자연의 모든 실재는 모나드가 집적되어 있는 것이다.

이 정신적 실체들이 진정으로 실재적인 것이다.

물질적 세계(공간 안에 있는 물체)처럼 보이는 것은 단지 모나드의 지각 안에서만 실존한다.

"모나드가 바로 자연의 진정한 원자이고 모든 실재의 근본적 요소입니다."

모어와 콘웨이

-케임브리지와 런던 1650년-

| 앤 콘웨이 부인은 영국 철학자였다. | 당시 여성은 대학에 갈 수 없었기 때문에, 앤 콘웨이는 헨리 모어와 서신을 교환하며 철학 수업을 받았다. |

| 모어는 데카르트 철학의 지지자이자 비판자이기도 했다. | 그는 정신과 신체의 이원론이 종교의 목적을 달성하는 데 도움이 되었다고 믿었다. |

| 그러나 데카르트가 동물은 영혼이 없다고 주장했던 점과 | 더 나아가 기계론적 철학이 세계 안에 불활성적이고 수동적인 물질만 남겨둔 채 정신적 요소를 모두 비워냈다는 점 때문에 모어는 고민했다. |

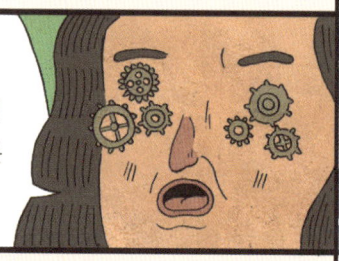

물체와 정신 간 성립하는 본성상의 유사성은 어떻게 인간 정신과 인간 신체가 결합하고 상호작용할 수 있는지를 설명한다.

저의 철학은 물체는 연장일 뿐이며 살아 있거나 지각할 수 없다고 주장하는

모든 이원론을 더 나은 것으로 만듭니다.

콘웨이는 단지 데카르트만 겨냥했던 것이 아니었다.

저의 철학은 홉스 철학을 논박하기도 합니다.

홉스는 비물체적 실체는 없다고 주장하지요.

스피노자 철학도 논박합니다.

스피노자는 신과 피조물을 하나의 실재로 만들어버립니다.

말브랑슈

-파리 1675년-

말브랑슈는 한때 앙투안 아르노와 친구였다.

아르노가 말브랑슈의 『진리 탐구』를 읽기 전까지

뭐야?

그리고 『자연과 은총에 관한 논고』를 읽기 전까지 말이다.

뭐라고?

말브랑슈는 성질 고약한 얀센주의자의 맛을 톡톡히 보았다.

이런 위험하고 어리석은 책을 출판하기 전에 왜 먼저 조언을 구하지 않았소?

했죠. 그런데 '몹시 바쁨' 씨께서 답장을 한번도 안 해주셨잖아요!

실제로 말브랑슈는 자연의 어떠한 실체도 진정한 인과적 힘을 가지고 있지 않다고 주장했다. 물체는 다른 물체나 정신에 영향을 줄 수 없다.

그리고 정신도 물체나 심지어 정신 자신에 영향을 줄 수 없다.

신만이 역량을 갖고 있습니다.

자, 액션!

신은 자연에서 일어나는 모든 사건의 유일하고 직접적이며 비매개적인 원인입니다.

말브랑슈는 다양한 형이상학적 논증으로 이러한 급진적인 테제를 정당화했다.

그렇게 독창적인 생각은 아니에요. 다 데카르트 철학에 들어 있는 거죠.

좋아요, 전부 다는 아닐지도 모르죠.

신의 보존 학설에 따르면, 신은 창조된 후 독립적으로 실존할 수 있는 세계를 창조한 것이 아니다.

신은 세계를 창조한 후에도 세계와 세계의 모든 실재들이 계속 실존하도록 순간순간 보존하고 있다.

그건 마치 창조라는 최초의 행위가 결코 끝나지 않는 것과 같습니다.

신이 어떤 물체를 보존할 때, 매 순간 그 물체가 다른 물체와 관련된 어떤 장소에 있도록 만들어야 한다.

어떤 순간에서 다음 순간으로 바뀔 때 만일 신이 어떤 물체를 다른 물체와 관련하여 상이한 위치에 있도록 보존한다면, 그 물체는 운동 중에 있는 것입니다.

그리고 신이 물체를 상대적으로 동일한 장소에 있도록 보존한다면, 물체는 정지해 있는 것이지요.

말브랑슈는 라이프니츠처럼 악의 문제로 넘어갔다.

왜 지혜롭고 정의로운 신이 창조한 세계에서 도덕적인 사람들이 때때로 고통을 받고 사악한 사람들은 성공하는 걸까?

신은 틀림없이 가장 훌륭한 방식으로 활동하고 있다는 걸 이해하셔야 합니다.

신은 항상 단순하고 보편적이며 한결같은 방식으로 활동합니다. 결코 특수하고 **특별한** 의지 작용을 통해 활동하지 않습니다.

이것은 신이 모든 가능세계들 중에서 가장 단순한 법칙의 지배를 받는 하나의 세계를 선택했다는 것을 의미한다.

그리고 신의 불변적인 인과 활동은 단지 그러한 법칙을 이행하는 것이다.

안타깝게도 단순하고 보편적인 법칙은 모든 사람의 특정한 필요나 기대를 고려하지 않지만 말입니다.

로크, 보일, 가상디, 라이프니츠

-런던 1689년-

가톨릭교도인 제임스 2세가 영국 왕위에 오르자 조국의 미래를 크게 걱정했던 로크는 암스테르담에 정착한 후 『통치론』을 마무리하기 위해 펜을 들었다.

이 논문에서 로크는 시민사회의 이론적 기원과 진정한 목적에 대해 설명했다.

'왕권신수설'을 영원히 잠재울 때다.

찰싹!

그는 홉스처럼 사회의 기초가 자연 상태에서 벗어난 합의에 있다고 보았다.

● 영국의 군인, 외교관, 역사가, 시인, 철학자. 지은 책으로는 『진리에 관하여』(1624)가 있는데, 이 책에서 인간 정신에는 신이 준 다섯개의 본유적인 종교적 관념이 있다고 주장한다. 그림에서 아기로 묘사된 허버트 체베리 경이 하는 말이 그것이다. —옮긴이

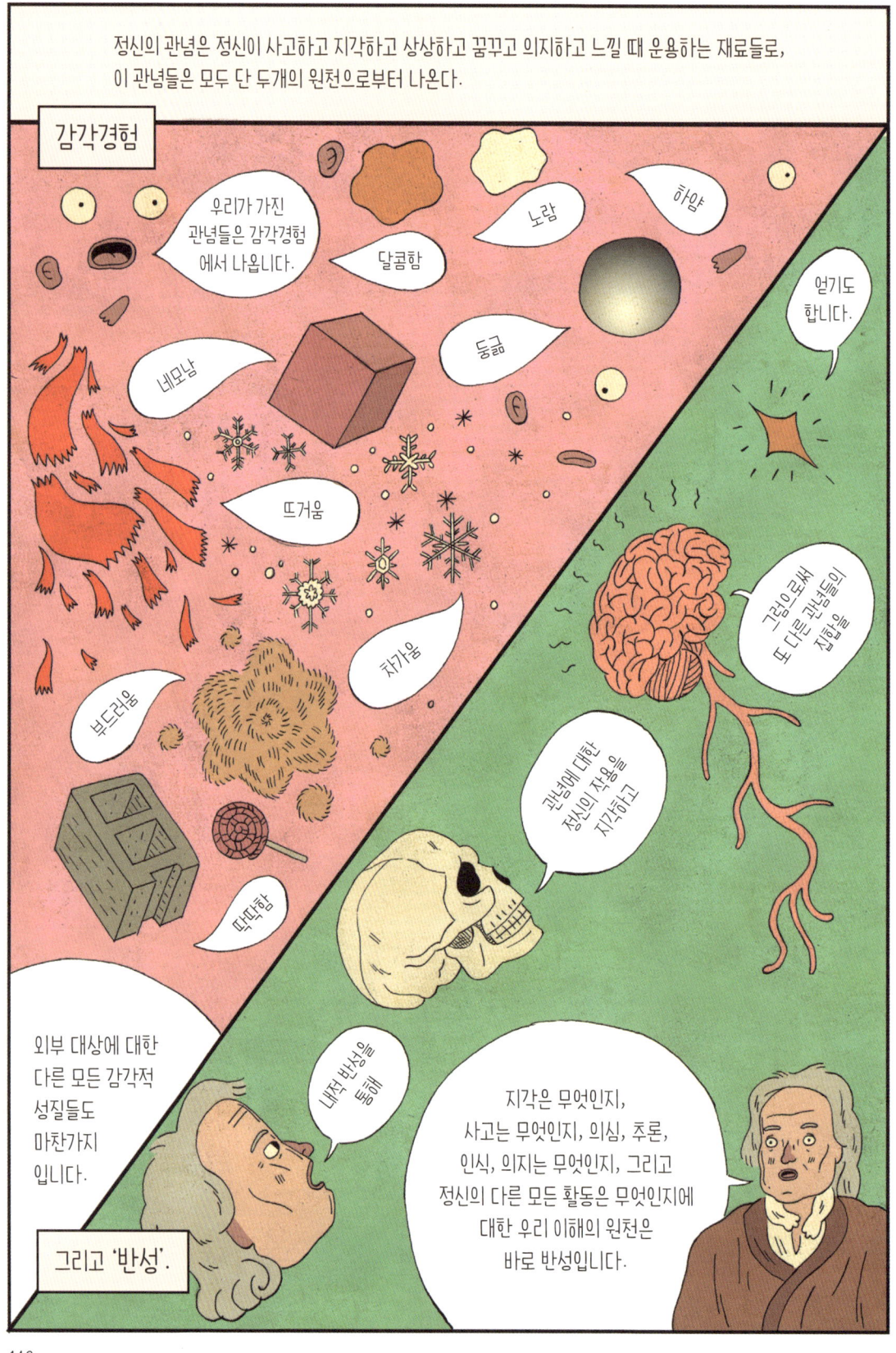

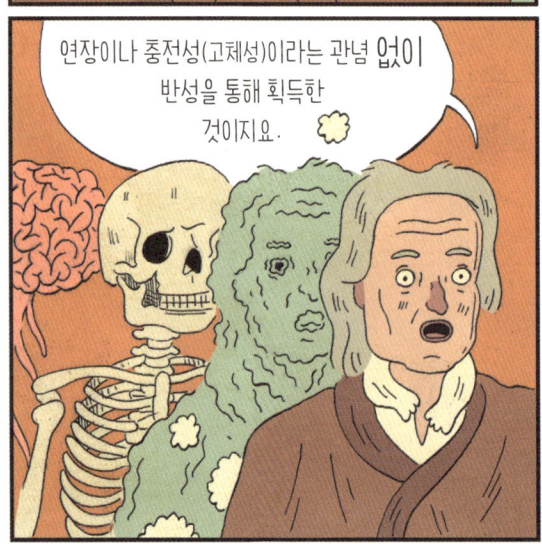

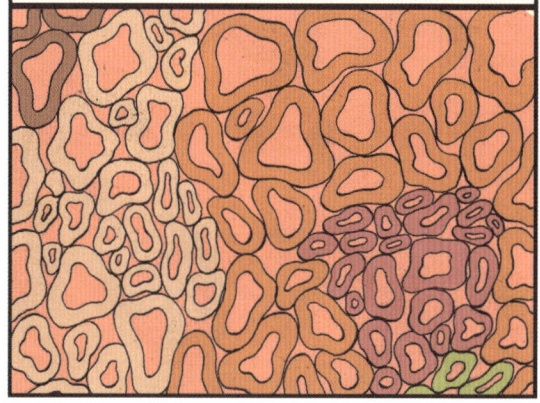

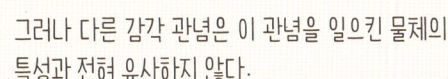

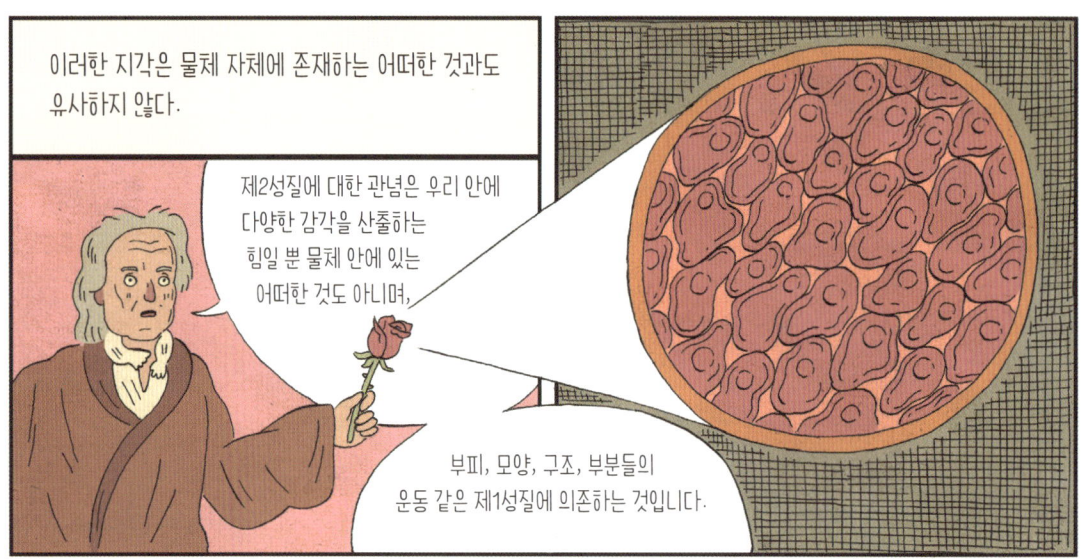

이러한 지각은 물체 자체에 존재하는 어떠한 것과도 유사하지 않다.

제2성질에 대한 관념은 우리 안에 다양한 감각을 산출하는 힘일 뿐 물체 안에 있는 어떠한 것도 아니며,

부피, 모양, 구조, 부분들의 운동 같은 제1성질에 의존하는 것입니다.

우리가 보는 빨간색은 단지 빛 입자를 특정한 방식으로 우리 눈에 반사한 장미의 입자 구조에 상응하는 것일 뿐입니다.

관념을 이렇게 구분한 것은 자연 세계에 대한 기계론적 철학의 설명이 어떻게 정신의 내용을 해명할 수 있는지, 그리고 어떻게 정신의 내용에 반영되는지를 보여주기 위해서였다.

우리의 감각 관념은 상당히 피상적이고,

실재의 깊은 본성에 대한 상대적이고 불완전한 지식만을 제공한답니다.

이런 관념들밖에는 우리가 의지할 수 있는 게 없는 것 같군요.

라이프니츠는 로크가 본유관념 이론의 특성을 부당하게 기술했다고 생각했고, 그의 생각을 바로잡아야겠다고 결심했다.

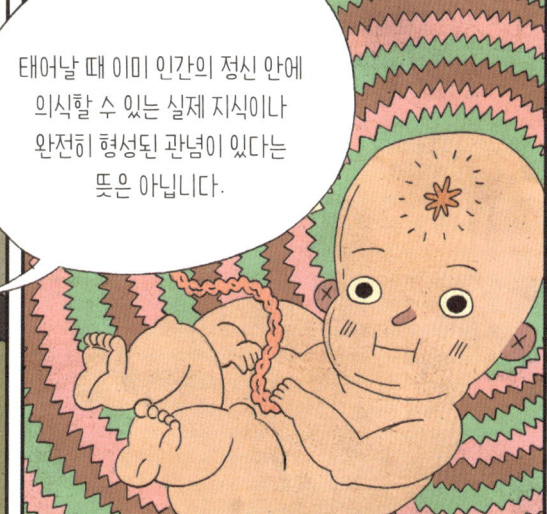

태어날 때 이미 인간의 정신 안에 의식할 수 있는 실제 지식이나 완전히 형성된 관념이 있다는 뜻은 아닙니다.

라이프니츠는 본유관념을 타고난 지적 성향 또는 기질로 생각하는 편을 택했다. 마치 정신이 특정한 방식으로 생각하도록 신에 의해 미리 프로그램되어 있는 것처럼 말이다.

본유적인 것은 이러한 원리들에 속하는 잠재적 지식입니다. 마치 조각가가 조각상을 만들기도 전에 이미 대리석에 있는 결에서 모양이 대략 드러나는 것처럼 말이죠.

● 로크가 친구이자 동료 철학자였던 윌리엄 몰리뉴(William Molyneux)에게 보낸 1697년 4월 10일자 편지에 나오는 구절이다. — 옮긴이

라이프니츠는 로크의 첫 반응에 놀라지 않았다.

각자의 원리가 너무 달라요.

로크가 사망했다는 소식을 들었던 1704년 말, 라이프니츠는 사실상 『신인간지성론』 집필을 마쳤지만 결국 그 책을 출판하지 않기로 결정했다.

이제 로크 선생의 회신을 받을 수는 없겠구나.

게다가 더 이상 자신을 방어할 수 없는 사람을 비판하는 건 불공평한 일이겠지.

라이프니츠의 로크 비평은 결국 사후 하노버에 쌓여 있던 미발표 논문, 서류, 노트 등 방대한 자료에 더해졌다. 이 문헌들은 상당수가 아직까지 편집되지 않은 상태로 남아 있다.

데카르트의 철학은 17세기 내내 유럽을 지배했다.
그의 철학은 파리나 다른 도시들의 살롱과 지성계에서 대유행이었다.

그러나 17세기 말, 결국 데카르트 철학에 필적했던 자연철학이 승리하고 만다.

뉴턴

-런던 1703년-

아이작 뉴턴은 1703년 영국왕립학회장으로 선출되었는데, 이는 영국의 가장 위대한 자연철학자로서 그의 위상을 보여주는 증거였다.

케임브리지의 과학자 뉴턴은 광학에 관한 초기 저작에서 색깔이 없는 햇빛이 실제로는 굴절률이 다른 여러 색광선으로 구성되어 있다는 걸 증명했다.

1687년 그는 대작을 출판했다.

자연철학의 수학적 원리
아이작 뉴턴

이 저작은 세가지 근본적인 운동 법칙을 담고 있고

모든 물체는 외부의 힘이 그 상태가 변하도록 강제하지 않는 한 계속 정지해 있거나 계속 직선으로 등속운동을 한단니다.

운동의 변화는 물체에 가해진 동력에 비례하고, 그 동력의 방향과 같은 방향으로 일어납니다.

모든 작용에는 항상 크기는 같으면서 방향은 반대인 힘이 있지요.

● 데카르트는 공간을 꽉 채우고 있는 물질입자들이 회전운동을 한다는 소용돌이(vortex) 가설을 통해 중력이나 자력 같은 원격작용을 설명했다. — 옮긴이

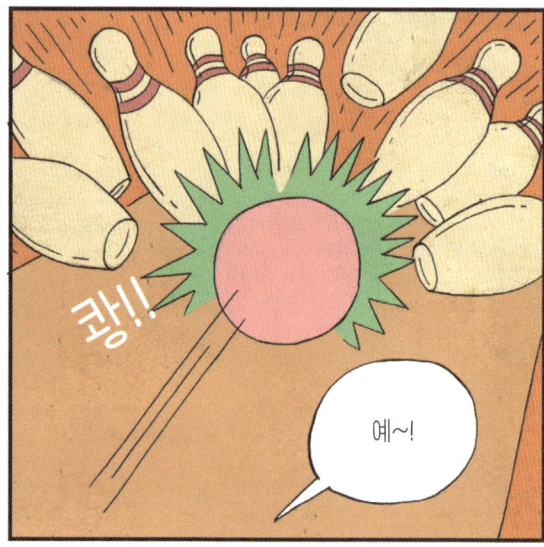

뉴턴에 따르면, 일부 운동은 진짜 운동이지만

어떤 운동은 단지 겉으로 보기에만 운동하는 것처럼 보일 뿐이다.

우와, 저 나무 정말 빠른데!

에필로그

-제네바 1755년-

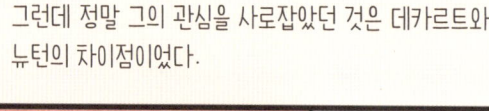

• 옛 종교재판소에서 회개하지 않은 이단자를 화형에 처할 때 입힌 옷. 화염과 악마 무늬가 있다. —옮긴이

감사의 말

이런 책이 친구들의 관대함과 동료들의 격려, 그리고 잔혹할 정도로 솔직한 피드백에 기대고 있음은 말할 필요도 없다. 캘런 베리, 다니엘 가버, 앤드루 야니악, 데브라 네일스, 돈 러더퍼드, 래리 셔피로, 엘리엇 소버, 노마 소버에게 감사드린다. 읽고 또 읽고 교정을 봐주었으며, 좋은 부분과 그렇지 않은 부분을 말해주었고, 그 과정에서 다른 도움도 주었다.

그리고 가족과 사랑하는 이들이 있었다. 제인 번스타인(스티븐의 아내이자 벤의 엄마. 원작의 표지 디자인은 그녀의 아이디어였다), 로즈 내들러(스티븐과 제인의 딸이자 벤의 누이), 그리고 네트 오트는 인내심과 유머, 조언, 통찰력으로 이 프로젝트에 감금되어 있던 우리를 지탱해주었다.

로마의 미국 아카데미와 책임자 크리스 셀렌자, 킴 볼스씨께 2014년 봄 스콜라 레지던스 프로그램에 스티븐을 초대해주신 것에 대해 감사를 표하고 싶다. 이 책의 일부는 그 영광스러운 시기에 쓰였다.

마지막으로 프린스턴대학교 출판부의 롭 템피오씨께 특별한 감사를 드린다. 그의 열정과 지지가 없었다면 우리는 이 일을 할 수 없었을 것이다. 프린스턴대학교 출판부의 제작팀 마크 벨리스, 디미트리 카레트니코프, 제시카 마시브룩씨 또한 없어서는 안 될 큰 도움을 주었다.

옮긴이의 말

    평생 읽은 만화책이라곤 손가락 몇개로 족히 헤아릴 수 있는 내게 만화책 번역 제의가 들어오고 결국 역자 후기까지 쓰게 되리라곤 꿈에도 생각지 못했다. 고백하자면 선입견이 없지 않았다. 친구들이 『슬램덩크』 같은 작품의 가치를 열변할 때도 별무관심이었다. 읽을 책이 산적해 있는데, 만화?

    편견은 우연히 최규석의 만화 『송곳』을 접하고 교정되었다. 『송곳』은 실로 '위대한' 작품이다. 그 감동은 흡사 빼어난 영화나 문학작품에 견줄 만한 것이었다. 연재 중에 정독했지만 1~3권이 출간되자마자 얼른 거실 책장에 꽂아놓았다. 가족들에게 『송곳』 이야기를 하는 일이 잦아지자 아들이 따라 읽기 시작했다. '한때' 꿈이 만화가였던 어린 아들과 『송곳』이 보여준 인간과 노동현장에 대해 이야기 나누었던 기억이 새롭다. 바쁜 일과에 떠밀려 역자는 아직 완독하지 못했으나 최근 아들은 학교 도서관에서 4권을 빌려 보고는 엄마에게 이렇게 말했다고 한다. 아빠도 열심히 일하는 것 같은데, 왜 연예인이나 스포츠 선수들처럼 돈을 벌지 못하는지, 뭔가 이상하다고.

    쉬어가자고 생각했다. 『송곳』처럼 아들과 함께 이야기 나눌 수 있는 쉬운 철학만화 한권 번역해보는 것도 나쁘지 않을 것 같았다. 번역 중이던 학술서를 잠시 미뤄놓고 덜컥 번역 계약을 했다. 찬찬히 읽어보니 '천재들의 세기'라 불리는 17세기 핵심 인물들의 삶과 사상이 한정된 지면 내에서 흥미롭게 펼쳐진다. 철학에 익숙한 독자들도 재미를 느낄 법하다(내 경우 다른 책으로 읽었던 내용을 등장인물들의 말에서 발견하는 재미가 쏠쏠했다). 물론 이 책은 '초심자'를 위한 만화이다. 생소한 역사적 배경과 문제의식, 사유 방식, 개념들 때문에 어려울 수도 있겠으나 이를 상쇄하기 위한 저자들의 배려가 곳곳에 들어 있다. 무엇보다 그림의 몫이 뜻밖이다. 건조한 철학사에 제법 생기를 불어넣었다.

물론 『철학의 이단자들』 같은 만화를 『송곳』 같은 작품에 견줄 일은 아니다. 소재나 목적부터 분량까지 차이가 크다. 무엇보다 『송곳』이 무언가를 창조한 작품이라면, 『철학의 이단자들』은 누군가 창조한 것을 해설하는 작품이다. 세상에 '철학자'뿐만 아니라 '철학노동자'들의 작업도 필요하다면 필요할 터, 일천하나마 경험에 비춰볼 때 색목인(色目人) 철학자들의 글 대부분이 그랬다. 물론 이 책의 한계는 분명하다. 도구로 치자면 아주 불완전한 도구에 가깝다. 그러나 스피노자가 말한 것처럼, 불완전하면 불완전한 대로 손에 잡히는 것에서 시작할 수 있고 또 그렇게 해야 한다. 중요한 것은 이 불완전한 도구로 무엇을 할 수 있는가가 아니라 우선 마음을 내어 도구를 손에 쥐고 시도하고 있다는 사실 자체일 것이다.

천학비재(淺學非才)라 옮긴이의 노력이 도움이 될지 모르겠다. 원문과 지면이 허락하는 한 최대한 풀어 쉽게 번역하고자 했고, 부연이 필요하다고 생각되는 부분에는 만화임에도 불구하고 역시 공간이 허락하는 범위 내에서 역주를 넣어주었다. 모쪼록 이 책을 읽고 근대철학에 관심이 생긴다면, 쓰고 그린 부자(父子)나 그들의 노고에 살짝 숟가락을 얹은 옮긴이나 더할 나위 없이 흡족할 것 같다. 독자들의 형안을 기대하고 질정을 부탁한다.

작은 책이지만 출간되기까지 큰 도움이 있었다. 문창옥 선생님, 조대호 선생님, 이재경 선생님, 김응빈 선생님, 서홍원 선생님께서 평소에 보여주신 관심, 격려, 후의에 깊이 감사드린다. 지난 3년, 이정은 선생님과 김동규 선생님이 보여주신 동료애도 마음에 새긴다. 늘 힘이 되는 박상태 선배님, 진태원 선배님, 한형식 선배님도 기억한다. 그림책 일러스트레이터이자 이제 본인의 그림책을 준비 중인 검은잉어 김형준 형과 경북이주민센터 센터장 후배 지민겸의 지지와 고무도 마음 한켠에 담아둔다. 원문과 비교해가며 내용과 번역문에 대해 일반

독자 입장에서 유익한 조언을 해준 이승현씨께 특히 감사드린다. 원고를 검토해준 한정훈씨의 노고에도 고마움을 전한다. 창비 편집부의 최지수, 곽주현 선생님께도 심심한 감사의 말씀을 드리고 싶다. 두분은 처음부터 끝까지 번역 과정의 어려움을 함께 헤쳐왔다. 공부길에 '인이불발(引而不發)' 네글자를 알려주신 장주의 김영민 선생님께도 깊이 감사드린다. 나를 이루고 있는 타자를 살피며, 내 이해가 닿을 수 없는 그를 좇고 내 이해가 닿는 그를 좇는 것도 공부라 믿는다.

가족들에 대한 미안함과 고마움이 크다. 먼저 관대하고 의연하게 못난 자식의 앞날을 지켜봐주시는 양가 부모님께 감사의 말씀 올린다. 질풍노도기를 지나고 있는 아들 진혁, 존재 자체에 감사하며 사랑과 믿음으로 격려하고 싶다. 아내 수진, 마땅한 모든 것이 늘 충분하지 못했다. 이 자리를 빌려 사랑과 감사와 존경의 마음을 전한다.

2019년 1월 말
옮긴이 씀

글	스티븐 내들러 Steven Nadler	미국 컬럼비아대 철학과에서 박사학위를 받고 현재 위스콘신대 매디슨캠퍼스 철학과 교수이자 유대학연구소의 교수로 재직 중이며, 『철학사 저널』(Journal of the History of Philosophy)의 편집장으로 있다. 줄곧 데카르트, 스피노자, 라이프니츠 등 17세기 유럽 철학자들을 연구해왔으며, 특히 스피노자 연구의 권위자로 손꼽힌다. 주요 저서로 『철학자와 성직자 그리고 화가』(The Philosopher, the Priest, and the Painter) 『가능한 최선의 세계』(The Best of All Possible Worlds) 『렘브란트의 유대인』(Rembrandt's Jews) 등이, 국내에 소개된 저작으로 『스피노자와 근대의 탄생』 『에티카를 읽는다』 『스피노자』 등이 있다. 『렘브란트의 유대인』으로 2004년 퓰리처상 논픽션 부문 최종심에 올랐다.
그림	벤 내들러 Ben Nadler	그래픽 디자이너이자 일러스트레이터. 미국 로드아일랜드 디자인학교를 졸업했다.
옮긴이	이혁주 李赫周	연세대학교에서 스피노자의 평행론에 관한 연구로 철학박사학위를 받았으며, 이후 몇몇 대학과 인문교육기관에서 서양근대철학과 스피노자 철학을 강의하고 있다. 옮긴 책으로 『에티카를 읽는다』가 있다.

철학의 이단자들
서양근대철학의 경이롭고 위험한 탄생

초판 1쇄 발행/2019년 3월 1일
초판 3쇄 발행/2021년 12월 10일

지은이/스티븐 내들러, 벤 내들러
옮긴이/이혁주
펴낸이/강일우
책임편집/곽주현
조판/박지현
펴낸곳/(주)창비
등록/1986년 8월 5일 제85호
주소/10881 경기도 파주시 회동길 184
전화/031-955-3333
팩시밀리/영업 031-955-3399 편집 031-955-3400
홈페이지/www.changbi.com
전자우편/nonfic@changbi.com

한국어판 ⓒ (주)창비 2019
ISBN 978-89-364-7685-4 07100

* 이 책 내용의 전부 또는 일부를 재사용하려면
  반드시 저작권자와 창비 양측의 동의를 받아야 합니다.
* 책값은 뒤표지에 표시되어 있습니다.